# 비워둔 곳에 꽃이 피네

-2013 고흥작가회 작품집(제8집)

# 비워둔 곳에 꽃이 피네

## -2013 고흥작가회 작품집(제8집)

고흥작가회 엮음

시와문화

■ 책머리에

## 제8집 「비워둔 곳에 꽃이 피네」를 묶으며

삶은 기적이다
–웬델 베리

닭이 울고 개가 뛰고 해와 달과 고추와 나락과 소꿉장난, 술래잡기, 배고픔 속에서도 떠들썩했던 재잘거림, 사람의 땀과 정성이 버물려 무르익던 들판, 풍성했던 삶은, 함께 흘리던 그 뜨거운 눈물은 텅 빈 십일월의 냇물처럼 다 어디로 흘러가 버렸을까?

별이 총총한 들판에서 쳐다보면 개 한 마리 짖지 않는 적막한 마을, 괴괴한 흉가들, 동가 서가 비어가는 골목에는 티브이 희번덕대는 불빛만 창호지에 어른거리고….

산과 들, 비와 바람과 사람이 어우러지던 이 땅의 모든 내력이 산업화·자본화되어 파멸로 치닫는데 이제는 세계로, 우주로까지 힘겹게 부추기며 자연과 사람을 짓밟고 탐욕의 환상만을 부풀려 어질어질 고흥고흥(高興高興)하라고 속삭여댄다.

그럴지라도 우리는 생각하느니, 때론 순수의 세계로 우리를 이끌어 아픈 세상살이를 돌아보게 하고 뜨거운 눈시울의 원천이 되기도 하는 이 징하디 징한 땅을 애써 품으면서 우리는 또 어떻게 걸어가야 할까? 우리는 어떤 노래로 이 그늘에 맞설까?

'고흥작가회' 의 이름으로 제8집 「비워둔 곳에 꽃이 피네」를 묶어내며 우리는 이 쓰라린 삶에서 무엇을 비우고 또 무엇을 꽃 피워야 하는가? 한 번 더 묻는다.

사는 곳도 하는 일도 생각도 다르지만 우리가 겸허히 비워둔 삶의 자리마다 새로운 꽃이 피기를 열망하며 다시 한마당에 모여 이 깊은 가슴에 일렁이는 한 줄기 간절한 꿈의 입김을 토하여 보태는 것은…, 아직은 기적이다.

-첫눈을 기다리며

고흥작가회 사람들 드림

|차　례|

**■조경선**



**■해설**

■초대시

# 송 수 권

## 아침강 외 1편

1940년 전남 고흥 출생. 서라벌예대 문예창작과 졸업.
1975년 〈문학사상〉 신인상으로 등단.
시집 『山門에 기대어』, 『꿈 꾸는 섬』, 『수저통에 비치는 노을』,
산문집 『다시 山門에 기대어』, 『아내의 맨발』 등 상재.
소월시문학상 · 김달진문학상 · 정지용문학상 · 영랑시문학상 ·
구상문학상 등 수상. 현재 순천대학교 문예창작과 명예교수.

# 아침 강 외 1편

누이야, 동트는 우리 새벽 강물
너는 따라가 보았는가
수렁수렁 큰 기침하며 강가에 나와
우리 산들 얼굴 씻는 것
어떤 산은 한 모금 물 마시고 쿠렁쿠렁
양치질 하는 것
어떤 산은 밤새도록 발을 절고 내려와
발바닥 티눈을 핥는 것

누이야, 너는 그런 동트는 새벽 강물
따라가 보았는가
물총새 한 마리가 담청색
날개를 털어
저 혼자 반도의 아침을 깨우는 것
반짝, 뜨는 은피라미 떼 몰아다
벼랑에 감춘
제 새끼들에게 아침 밥상 차리는 것
그 반도의 아침강을 따라가 보았는가

누이야, 젊은 수탉같이 홰를 치는

그 싯푸른 새벽강을 따라가
보았는가

## 정순덕 열전

그의 수감생활 중 한 저명한 시인이
신씨의 소개로 면회를 청했다
그는 시인이란 세상을 구하고 불쌍한
영혼을 위로하는 사람이란 설명을 듣고
그래, 좋다 어디 한 번 얼굴이나 보자 했다
'지리산 빨치산 여전사 열전' 을 쓰겠다고
자청하자
정순덕은 혁명 시인 유진오의
시를 읽은 적이 있느냐고 물었다
없다고 대답하자 이현상의 '당홍동'
유고시를 읽었느냐고 물었다 고개를 젓자
데끼놈! 너도 이 땅의 시인이냐고,
뭐, 지리산 좋아하네, 섬진강이 네
오줌통인 줄 알았더냐고 호통을 쳤다
칸막이 유리창을 주먹으로 쳐대며
하늘이 무섭지 않느냐고, 침을 뱉었다

지리산은 현실 한복판에 아직도 서 있고
섬진강은 대낮에도 시퍼렇게
천 년을 장대같이 살아 흐른다

그렇구나! 우리 서정시
너무 무책임하고 너무 가볍구나
빈대 씹만하고
벼룩이 간만하구나

아나, 섬진강 퍼 마셔라
아나, 지리산 침 뱉어라

# 김 명 숙

## 나는 고흥인이다 외 4편

전남 고흥 출생. 제4회 부천신인문학상 시 당선.
제1회 『한국아동문학회』 신인상 동시 등단.
시집 『그 여자의 바다』가 있음.
현재 논술 강사 · 사회교육 강사. 고흥작가회 회원.

**■시인의 말**

화살처럼 빠르게 가는 세월,
보이지 않는다. 나의 행보가…
올해는 어떤 그림으로 내 빈 캔버스에
점점이, 혹은 화려한 색채로 수를 놓을까

밤이 이슥하다.
손 내미는 정적에 슬며시 손이라도 잡힐까부다.

# 나는, 고흥인이다

서울 강남 센트럴시티 고속터미널
서울–녹동행 버스를 탄다.

이천십삼 년 구월 현재로
버스 삯은 우등이, 삼만 사천칠백 원
일반은 이만 삼천삼백 원이다.

귀에 익은 낯설지 않은 전라도 사투리
탄 자리가 고흥이다.

눈을 감고 들어보면 더 정겹다
가물가물 잊혀져간 저 소리여

비켜주지 않으면 절대로
고흥을 오가지 못하는 벌교를 지나면
이제 곧 고흥이라는 이정표.

고향 산천과
오마리 바다가 잰걸음으로 달음질쳐 온다.

고흥에서 나고 자람이 절대의 자랑인 나는
고향을 읊은 변변한 시 한 편 없어도
나는 고흥인이다.
고흥의 씨앗. 고흥의 낟알이다.

# 내비게이션, 그녀

그이는 그녀의 착한 정부(情夫),
그녀가 뭐라고 하든
무조건 콜!
콜!이다.

한번 올라타면 바뀌지 않는 체위로
그가 그녀 앞에서
변강쇠가 되는 길은 아주 쉽다

마누라완 은밀한 밤을 만족 못해도
그녀와의 드라이브는 마냥 즐겁고

마누라의 잔소리엔 눈살 찌푸려져도
그녀의 재잘대는 목소리는 그저 사랑스럽다

머리끄덩이를 잡고 패대기를 치지 그래
따귀를 얼얼하게 올려붙이지 그래

온갖 추측만 난무할 뿐
실마리는 오리무중

내비게이션, 그녀!
오늘도 그이와 벌건 대낮에 통정을 나눈다.

# 달새

환한 보름달을
그리워하는 새가 있었다
달에게 가기 위해
새는 날마다
날고, 뛰고, 구르기를 반복했다
깃털이 다 빠지고 피멍이 들어도
아랑곳하지 않았다

달을 사모하는 마음이 크면 클수록
몰골은 추해져만 갔다
뭇 새들의 입방아와 손가락질에도
새는 달만 생각하기로 했다

달이 둥실 떠오른 밤,
고요하던 숲이 술렁댔다
미농지같이 엷은 어둠을 타고
가만가만 내려오던 달빛
거미줄에 걸려 반짝, 그네를 탄다
기다렸다는 듯
거미줄을 튕기며 화음을 넣는 바람

구름에 숨었던 달이 얼굴을 내밀자
지금껏 해오던 날갯짓보다 더 힘찬
날갯짓으로 달새는 날아오르고
여태껏 불렀던 노래보다
더 아름다운 소리로 노래를 불렀다
날개가 꺾여 더 이상 날 수 없고
목소리가 쉬어 더 이상 노래할 수 없어도
달새는 행복했다

샛별마저 숨은 새벽녘
동튼 자리에
달새의 깃털만 두어 개 휘날렸다

그날 이후,
달새를 본 이가
아무도 없었다.

# 마중

당신이 찾아오겠다는 달뜨는 밤이 오면
그대 오실 뒤뜰로 난 창문을 열어놓고
일부러 오래도록 살을 씻겠네

문 밖에서 내 이름 불러도 안 들리는 척
몸 씻는 소리로만 그대를 반기려네
찰방이는 물소리로만 그대 귀를 적시려네

# 독도

주인은 내것을 내것이라 하지 않으며
굳이 내세우지도 않는다.

다만, 허튼 말 대신
오뚝이 정신으로
바다를 수호한다.

# 김 선

## 고드름 외 4편

전남 고흥 출생. 2013년 〈시와문화〉 신인상으로 시 등단.
한국작가회의, 고흥작가회 회원. 마루시 동인.
현재 (주)교학사 재직중.

**■시인의 말**

얼마나 더 나를 버려야 시가 되는지. 달력 밑에 나방 떼처럼 나뒹굴고 있는 숫자들, 온전히 속을 다 비워내지 못한 시가 아직도 죽지 않고 날기 위해 파닥거리는 숫자들의 팔과 다리를 지느러미를 이제 막 등에 돋아나려는 날개를 꺾어 쓰레기통에 구겨 넣는다. 다시는 세상 밖으로 나오고 싶지 않은 숫자 하나, 12월의 달력 끄트머리에 아등바등 매달려 있는 시들이 쓸쓸하다.

## 고드름

겨울 숲을 지키는 자작나무 마른 몸에서
서른 즈음의 내 검푸른 상처를 본다
상처에서 돋아난 수액들은 서로 몸을 기대어
아무도 보지 않는 곳에서
목욕재계로 몸을 밝힌다
바람이 차가울수록 맑은 몸 굵어진다
문상 온 낮달 수은등이 다 쓰고 버린
빛을 삼켜, 맑은 제 몸을 비춘다
제 몸을 녹여 만든 빛으로
책갈피를 밝혀 축문을 읽는다
고드름은 흩어져 있는 나뭇잎이며
낮은 처마, 버려진 비닐봉지들을 함께 묶는다
먼 길 돌아갈 죽은 자의 마지막 노래
나뭇가지의 가느다란 손가락이 금을 그은
하늘에, 뿌려지는 메아리
바람의 목소리 속을 떠도는
길 잃은 노래의 혀가 꺾일 때까지
아물지 못한 검푸른 상처 속
울음을 담고 있는 뼈마디마다
수많은 햇살 가시로 긁힌 빗살무늬 상처를 핥는다

기억의 늪에 빠져 허우적거리는 마흔의 발목
입 다문 죽음에 말을 건네고 싶은
고드름의 최후
제 몸을 아낌없이 녹여
봄 햇살 피륙을 짠다
이제야 제 넋을
나뭇가지에 가지런히 눕혀
햇살 다비식을 한다
저를 죽여서 굳은 땅을 녹인다
죽은 뒤에 여린 민들레 꽃씨로 피어난다

# 짜장면과 완두콩

황혼녘 자장면 면발 비빈다
무리에 섞이지 않으려고
자꾸만 제 몸의 검은 때 벗겨내는
완두콩 한 알
나무젓가락에 힘을 주어 잡을수록
면발의 끝자락을 팽팽히 잡아당긴다
누가 일러주었을까
중심에 서기 위해
꼿꼿이 버텨내야 한다는 것을
검은 심연으로부터 박차 오르고 싶지만
아직 더 여물어 단단해져야 한다는 것을
문을 열고 나가면
결국 검은 무리의 늪에서
누군가의 발목을 비틀거나
절름발이 날갯짓을 해야 한다는 것을
저 완두콩 하나가 내게 일러 주고 있다
하얀 그릇에 들러붙은 자장면의 기름때처럼
지방질 덩어리로 불룩해진 도시
저 성채들의 아랫배 터트리지 않으면
벽면 한 쪽에 목만 걸어둔 채 입을 쩍 벌린

박제된 시베리아 늑대가 될지 모른다
바람결에 젓가락이 꼿꼿하다
부르튼 햇살의 면발을 집어삼킨다

# 상현달

밤늦은 퇴근길
그 누가 끙끙 앓는 소리에
발걸음 멈추고 잠시 올려다본
은행나무 가지마다
노란 알들이 촘촘히 눈 뜨고 있다
손을 대면 금방이라도
우르르 쏟아질 듯
물방울 같은 알들이
서로 떨어지지 않으려
다닥다닥 어깨 걸고 매달려 있다
저 수많은 알갱이들을 낳으려고
홀로 순산의 고통 감내하느라
활처럼 휘어진 몸뚱이
샛노랗게 타들어간 듯
심장 한쪽이 뻥 뚫려
반 토막이 되었는가
연일 야근에 지친
내 어깨만큼이나 축 처져
하얗게 튼 뱃살이 눈부시다

# 국자

밭일 하러 나서는 어머니
구남매 먹여 살리느라
허리가 구부러졌다
둥글게 휘어져
한쪽이 파였다
파인 곳에 그늘이 박혀 있다
오목하게 쌓인 그늘
가난한 부엌 한 모퉁이에 걸려 있다

# 흰 소

코뚜레를 묶은 말뚝도 뽑히고 없다
서귀포 앞바다를 삼키는
한 마리 거친 파도
이어도에서 건너온 바람에
갈기를 펄럭이며
금방이라도 제주도 벌판을 달릴 듯
고삐를 당기고 있다
섶섬을 덮칠 자세로 뿔을 치켜 세운다
전쟁 통에 사라진 고향의 소들이
은박지 속에서 검은 눈을 부릅뜬다
이제 포탄으로 망가진
옥수수밭을 갈 수 있을 것이다
배불리 긴 겨울밤을 보낼 수 있을 것이다
한 번도 품위 있는 옷을 걸쳐보지 못한
가장의 어깨처럼 앙상하게 야윈 흰 뼈대가
캔버스를 뚫고 거친 파도를 건너
아내가 있는 뭍으로 가고 있다
지금도 풀지 못한
중섭의 끈이 서귀포 빈 하늘을 떠돌고
남겨진 솥단지가 찌든 객지생활로

징징거리는 나를 어루만져 준다
흰 소가
어둠을 몰아내고
새벽을 한 짐 짊어지고 온다

## 남 선 현

### 정월 열나흗날 외 4편

전남 고흥 출생. 시집 『문』으로 작품활동 시작.
시집 『나와 함께 한 모든 것』이 있음.
고흥작가회 부회장으로 지역 문학 발전에 헌신하고 있다.

**■시인의 말**

만나고 헤어지고 끝없이 반복되는 삶의 자락이
나래를 펴고 시대를 넘나든 오늘도 흩어진 매무새 고쳐본다.

# 정월 열나흗날

성직골 바라보며 잠든
당신 곁에 앉아 소주 부어놓고
아려오는 기억 울컥 내뱉고
애꿎은 풀 뽑아 입에 물고 누워본다

아주 오래 전 오늘 당신은 이 땅에
태어나 짝을 만나 살다 흔적 남기고
흙으로 돌아갔지 그 중 한 녀석이 열여섯 날
세상에 나왔으니 어찌 기억하지 못 하겠는가
당신처럼 짝 만나 반백 된 모습으로
찾아와 소주잔 기울며 남은 한을 삼킨다

쌍정제 어릴 적 무던히도 오르랑내리랑했지
산골 헤매고 다닐 적 기억은
소 뜯기러 나온 친구들이 그렇게 부러웠고
조카를 업고 다녀야 했던 꼬맹이는 늘 불만이었지
이내 생각 접고 짝과 함께 어릴 적 얘기
나누며 산 둘러보니 솥대방 정상
소나무 사라진지 오래 그 아래 자라던
녀석들이 올망졸망 자라나 형태를 바꿔버렸다

큰 골 홍주네 텅 빈집에 개 짖는 소리 들려오고
저 넘어 학교는 폐교로 스산함마저 느껴져
고개를 돌려 옆쪽을 보니 검푸른 독대 백일 앞바다는
여전히 통 큰 가슴 열어놓고 언제든 안기도록 품 내주고 있다

# 장맛비

태양은 피를 토하듯
우주를 향해 꾸역꾸역
내뱉은 불같은 탐닉
마른장마로 다가와
역류하듯 쪼인 빛
뜨겁게 달궈
벌거숭이 될 때

뒤틀린 심보 놀부 닮아
휘청이는 대지의 기운
흔들면 폭풍우 몰아쳐
흥부네 살림 휘저어 놓고
홀연히 떠난다

한 달여 지속된 조화 속 부조화
진실은 서로의 이기로 감춰둔
혼합된 탐욕이 하루하루 엮고
날씨에 함몰된 기분
먹구름 몰고 와
한줄기 쏟으면 혼탁한 세상

맑게 씻길까

놀짱놀짱 익어가는 부침개
소리가 장맛비 소리와 어울려
툭~툭 젓가락 장단 맞추며
노닥거린 바깥세상 지우듯
술잔 넘기면 쏴~한 기분
돌고 돌아 몸 안에 머문다

# 월령리 포구

4·3 역사의 질곡 뼛속 깊이
내려앉아 제주를 할퀼 때
휘몰아친 아수라 판포 훑고
그곳 가녀린 한 여인
어두운 그늘 속으로 잠식 되었네

말도 행동도 표현의 자유도 잊은
통한의 늪에서 허우적거려야 했던
육십여 년 역사의 상처인가
여인의 눈물인가
해변엔 씻기지 못한 자국
희끗희끗 어른거린다

온몸으로 관통해온 아픔의 역사보다
숨죽이며 살아온 처절한 여인의 모습
오랜 세월 무명천 가리고 살아야 했던
응집된 응어리 풀어줄 이 땅의 연인이여

아는 듯 모르는 듯
흘려 보낸 현대사의 혼란

삶의 최소한의 기쁨도
앗아버린 원통함이여
떠난 지 아홉 해가 된 지금도
윙윙 소리 내어 포구를 울리는
바람이 되어 파도를 움직이고 있구나

# 빈독골에서 하루

몇 살이야
삼십여 년 전 듣던 말이
그 아비의 자식이 묻는다
새삼 오랜 기억 더듬게 한 언어
조카가 삼촌 몇 살이야 하면
난 늘 서른이라고 했지
그때는 그 나이가 많이 느껴졌거든
서른 되면 모든 걸 이룰 것 같았고

누나 내외와 함께 온 손자손녀
집 옆 개울가에서
물장구치다 쉴 때면 녀석들이
재잘재잘 묻는다
우주와 세상 궁금증
놀고 있는 모습까지 왜 그렇게
그 아비를 닮았는지

7월말 땡볕도 녀석들의 해맑은
모습에 묻혀 그늘에 감춘 시간들
훗날 녀석들 자식에게
또 이렇게 묻는 모습 서로에게 듣겠지

# 떠남

스치는 곳마다 눈에 밟힌 기억들
애써 태연을 가장해 거들먹거리며
다잡아 보지만
어쩔 수 없는 속내 감출 수 없어
아주 먼 곳 향해 고개 들면
손 끝에 박힌 가시처럼 가슴이 욱신거리다
쓸쓸히 삭이고 있다

떠난 자리 남은 것은 텅 빈 마음
허전함 지속되고 아려오는 아픔
잊어버리려 이곳저곳 서성이다
이내 찾아온 집 문 열면
환하게 다가설 것 같은 온기 싸늘히 식어
울컥 숨이 멎듯 먹먹하다

많은 시간 다짐하고 나름 담대하게 대처하리라
헤아릴 수 없이 곱씹었는데 흔들리고 있다
몸도 마음도 기억은 새로운 것 갈망하고
환영에 잡힌 시간들 언제일까
소름 돋도록 싫은 떠오름
그리움도 행복한 순간인 것을

# 박 부 민

## 강진 외 4편

전남 고흥 출생. 1995년 〈시와산문〉 신인상으로 작품활동 시작.
시집으로 『등불이 있는 마을』이 있음. 고흥작가회 회원.

**■시인의 말**

많은 말을 하고 싶은데
뚝 끊기는 세월이다
아무 말 없이 살고 싶은데
툭 터져 나오는 세상이다

꼭 필요하고 적절한
말의 분량은 얼마일까?

# 강진(康津)

언 살 뜯어내느라
흐린 읍내는 몸이 아프다

봄, 더 아프다

찬란할수록
꽃샘
이렇게 다시 추워

영랑생가
앞뜰에
힘겨운 햇살

누가 흘린
지역 신문 한 장
시들고

모란은 아직
멀어

봄, 참 아프다

# 목련

흰 영혼이 검게 변하는 건
한순간, 바람 속에 심긴 생의 비애
낙하하는 꽃잎의 얇은
한계다 화장이 지워지면
다 드러날 것 같아
목련 아래서는
눈부신 베스트셀러도 이젠 못 읽겠다
흑과 백의 겹질린 속도에
쓰라린 추위와 갈증을 앓으며
신성한 아침 해를 꿀꺽
마시기도 했겠지만
백이 흑이 되고
흑이 다시 흙이 되는
본말(本末), 한 겹 민낯에
질척한 황혼이 든다

# 농어촌버스

눈이 내리면 길 나서지 마시라 했잖아요
언감생심, 낙상도 제 때가 있는 법인디
어미를 병원에서 모시고 돌아오는 양복 입은 아들이
맘에 없는 질책을 질척질척 뱉어대는데
어미는 떠나는 버스에 절을 하고는
미안하게 슬프게 아들 등에 업힌다
아찔한 심심산골 더 깊이 헤집고 운행할 터
기사 양반 독한 유행가 한 잔으로
얇은 버스의 공복을 달래는 오후가 차고 쓸쓸하다
농투성이 남녀노소 꽉꽉 미어터지던
옛길의 배부른 기억들은
동구 밖 멀어지는 늙은 버스의 가슴 속에서만
크럭크럭 가래로 끓고 있다
빈 집 빈 논밭 빈 가슴 빈 버스
비어가는 것들은 먼지로 폐를 앓는다
궂은 날 어렵사리 비틀대며 찾아와 주는
지극한 그 정성 덕에 몇 안 되는 어미 아비들 눈에는
귀향하는 자식들의 환영(幻影)이 희고 수북하다
쑤시거나 넘어지거나 고장 나면 병원으로 실려 가고
정부보조금 타먹으며 연명하는 농어촌버스의 앞길에

눈구름이 빽빽하게 들어찬다

그러게 눈이 펑펑 내리면 길 나서지 말라고 했잖은가

# 못

오르내리는 손과
망치의 화음
불쾌해지는 꿈의 가장 윗부분이
햇살에 피 끓고 있는
못

사물을 흔들리지 않게
고정시켜 주는
고통 속에서 제자리에 박혀
사물의 제자리를 찾아 주는
생

살을 찢어
뼛속 깊이 박히는 모진 생
살은 내보내고 못을, 못의 피를
온 몸으로 받아들이는 사물의
영혼을 끌어안는 못은
끄억끄억 신음을 삼킨다

세월로 헐거워진 얇은 몸에 쾅쾅

다시 망치질을 해대면
또 한 번 같은 길 기꺼이 내려가서
깊이 굴착하는
질기둥이

못은
천길 아래를 스스로 볼 수 없어
검붉은 눈물 자국 흥건하지만
닳아 흔적마저 사라져도
사물 속에 잠겨
불평이 없다
못은
들어선 길 스스로 내빼지 않는다
사물이 흔들리는 까닭이 어찌 못 때문인가
빗나간 겨냥
힘없는 손목을 탓하라

망치를 제대로 들어 본 사람
못의 팔딱이는 관자놀이
푸른 실핏줄을 본 사람은

안다

휘어진 못을 펴면 재빨리 되살아나지만
굽어진 우리의 길은 펴기가 아주 힘들다는 것을
헐거워진 우리의 꿈은
제자리에 되박기가 어렵다는 것을

# 역사

누군가는 밟고
누군가는 밟힌다

누군가는 꿇고
누군가는 일어선다

누군가는 가담하고
누군가는 방관한다

밀물 오고 썰물
썰물 가고 밀물

누군가는 손을 더럽히고
누군가는 손을 씻는다

누군가는 쌓고
누군가는 헐어버린다

뜨거운 모래톱의
현란한
놀이

## 박 호 민

### 청춘 외 4편

전남 고흥 출생. 1989년 〈민족문학〉으로 작품활동 시작.
시집으로 『들개와 솔개』가 있음. 현재 귀향하여 시를 쓰고 있다.
고흥작가회, 한국야외 수채화가회 회원.

**■시인의 말**

더운 여름날 갈 곳 없이 지친 사람들은 끼리끼리 모여서 술을 마신다. 세월엔 결국 지름길이 없었다고 눈을 한 번 크게 부릅뜨고 너도, 나도 피문은 젓대나 분다.

## 청춘

두고 온 네 이마를 생각한다
덜 익은 머루빛
발을 구르며, 한 때는
안타까움이라 말했지만
사실은 삶이 온통 그런 빛깔이었지
이제 다른 땅을 찾지는 않겠지만
살아있는 동안의 짧은 양식을 위하여
다시 길 떠나는 꿈을 버릴 수는 없다
봄에서 여름으로 그래서 겨울로
가는 일이 무엇 부끄러움일까만
끝내 말하지 못하는 것들을 추스려
비 개인 뒤의 네 눈빛을 생각한다
멀리, 꺼지지 않는 그 초록빛

## 여름날

산천을 다 떠돌았어도
마음 건질 곳 없어
찌는 땡볕에 삿대질 한 번 하고
솔개 그늘에 누웠으니
무엇이냐,
이미 달은 없고 손가락만 무성한 이 세월
저 흙먼지 날리는 길 가
오는지 마는지, 무지랭이 촌로는
멋대로, 병신처럼—
또 버스를 기다리는지
더는 갈 곳이 없는 몸들은 차라리
제 갈비뼈를 물어 뜯어 두었다가
잠 못 이루는 여름밤, 질긴
이승의 안주나 삼으리

# 하루살이

하루살이를 하찮게 여겼는데
그것이 아니었다.
하루를 살더라도 놈들은 최선을 다하지 않는가?

나는 갑자기 부끄러워져서 울었다.

주어진 운명에, 혹은 세월에
성(誠)을 다해 사는 것들이 있어서
오늘밤, 내가 울면서 살아 있다.

## 종이배

아무도 없는 해변에서
진종일 싱거운 노래나 부르다가
옛처럼, 종이배 하나 띄우고
돌아오는 저녁

다시 들을 수 있을까
홀로 떠가던, 그 노래를.

## 너와 나

미안하다
어디를 가도 나는 혼자였다
나는 내가 잘못 된 줄 알았다

슬프다
함께 할 생각이 없는 너와 내가
이 땅에서 함께 살아가는구나

그래도 너는 음악은 좋아하더군
나도 좋아해

그것이면 됐지.

# 송 만 철

## 잘 가소 외 4편

전남 고흥 출생. 1996년 『불교문예』 신인상으로 작품활동 시작.
시집으로 『참나리꽃 하나가』, 『푸른빛줄기의 시간』 등이 있다.
고흥작가회 회원.

**■시인의 말**

그렇고 그런 세상에게, 사람에게, 나에게
핏대 솟구쳐 냅다 어깃장을 질러불고 그냥 산이나 들판으로 치닫길 바랐으나
집에 각시가 개가 달구새끼가 호미가, 지금 뭐하냐고, 있는 자리에서 눈 뜨고 속눈까지 번쩍 뜨라고
풀이며 제비똥이며 몸이며 부지깽이며 진박새며 논이나 밭이, 뭐하냐고, 지금 이 순간 화들짝 깨어나라고
더더구나 詩가
한상 밥값 벌어들인 적이 없던 詩가
멀고 먼 길들이여

## 잘 가소

봉화산 절골 묵전에 솟아오른 메뚱을 쳐다보고
"한제떡이 짠해서…"
대지팡이가 더 떨어대는 나주할매(82)
"인자 편한 시상 가소…"
그렁그렁한 서녘 해를 오래나 등지고서

# 우주, 어쩌끄나

우주의 숨이 더 헐떡대겠다
몸 깊숙이 박혀버린 쇠꼬챙이 '나로호' 로
연약한 실핏줄을 쑤셔댈 불꽃튀는 자본으로 문명으
로
속 속이 상처투성이겠다
평평생 고통이겠다
어쩌끄나, 우주야 우주야

# 동강 정류장에서

두 노인이 군내버스를 기다리며 하는 말
"마동 행남이 각시 쩌그 어디 비울빈에서 왔다등가 그러데"
"미얀마에선가 왔다는 마륜 기봉이 각시만 못하담서"
길에 나앉은 과자봉지 하나를 바람이 딸싹하자
날쌔게 내리꽂힌 제비가 먹이 하나를 덥석 물고 날아오른
가물거린 들판

## 막차행

"뽀끈 누름서 살 수뿐이 없제"
"그려, 누가 이녁 속을 알것능가"
금곡 탄포 장선포로 가는 군내버스는 도착하고
술취한 사람을 깨우다 깨우다
"이 짓도 하루 이틀이야제, 가세!"
두 할매, 버스 두 계단이 아득했던 막차는 떠나고
술에 뻗어버린 사람
뒤틀려버린 세상의 길에 흙 범벅된 맨발은 닳고 터
져서

# 어린 날

대밭에 참나리 한 뿌리를 장독대 꽃밭에 옮겨서 캄캄한 집 처마등같은 초봄이었다

소 뜯기는 민둑골, 골골에 흠뻑한 패거리 놀이에 땀이 땀을 말리는 산을 등지고 저물어가는 한한 여름이었다

마당에 말린 들깻대를 털고 재화네 모퉁밭에 간짓대로 하늘을 쑤셔대면 샛노랗게 익은 또배감 툭툭 떨어지던 늦가을이었다

오리길 독점의 나뭇짐을 부리고 삶은 고구마까지 허겁지겁한 논에서 사챙기공을 차다 제풀에 풀려버린 눈발 눈발의 깊은 겨울이었다

밤이었다 또락 또락한 서러운 별들이었다

## 양 동 선

# 인생 여정 외 4편

전남 고흥 출생. 〈크리스찬문학〉 신인상으로 작품활동 시작.
시집 『교향풍경』, 동시집 『해바라기』, 『네잎크로바』 등이 있다.
고흥작가회 회원.

**■시인의 말**

유난히도 길고 지루했던 남녘의 가뭄과 폭염을 이겨내고
이 가을에 거두어들인 작은 수확물입니다.

# 인생 여정

기나긴 하지만 짧은 여정의
정상에서 살짝 비켜선
오로지 나만의 몫

고난과 역경 앞에선
수수방관 내팽개치고
순탄하고 안정될 땐
슬그머니 거두어들이는
이기심과 탐욕에서 벗어나
헌신과 책임을 다하고

황혼의 길목에 다다라서
여한 없이 살았노라
목청껏 호령하는
아름다운 인생여정엔
수많은 갈채 환호 그치지 않으리

# 봄꽃 잔치

매서운 갯바람에도
넋을 잃지 않고서
뒤틀린 몸둥아리
반듯하게 가다듬고
알록달록 치장한
봄꽃 잔치한마당에
고흥만을 찾는 발길마다
가냘픈 손 내밀어
어서 오라 반기면서
환한 미소로 화답한다

# 단비

후두득~ 후두둑~ 쏴
오랜 가뭄과 폭염에
메마르고 지친 들녘
촉촉하게 적셔놓고
원망스레 하늘만 쳐다보던
농부들 근심걱정
한순간에 씻어주는 단비는
타들어가던 농심마저도
어루만져 치유해주고
풍년농사와 알찬 수확을 알리는
서곡의 합창인 양
들녘마다 울려 퍼집니다

# 정

너와나 우리 모두
함께하고 나누면
차곡차곡 쌓여
두터웁게 되고
어딘가 허전할 땐
다시 만나 또 쌓으면
더 한층 새로워지는
마구 주어도 마르지 않고
새록새록 솟아나
잠자는 상식을 일깨워
삶에 의미를 부여하고
우리 몸 혈관 속 노폐물
씻어내 맑게 하는 생명수

# 멋진 인생

비바람 폭풍우
북풍한설 칼바람
부딪치고 헤치면서
헤이고 찢긴 상처
동여매고 어루만져
새살을 돋게 하고
깊이 베인 가슴속 상처일랑
따스했던 봄햇살 명약으로
깨끗하게 회복하고
당당하게 나아가며
치열하게 사는 과정 소중히 여기고
후회 없이 살아가는
멋진 인생을 그려 봅니다

# 이 광 호

## 가족 동네 외 4편

전남 고흥 출생. '시와 사람' 동인으로 작품활동 시작.
2011년 〈창작21〉 신인상 당선. 현재 농업에 종사하며 20여 년간 한글 자모음에 관한 연구를 하고 있으며,
시집 『ㄱ에 대하여』가 있다.
고흥작가회 회원. 창작21작가회 회원.

**■시인의 말**

한평생 이 땅에서 농사짓고 살며 정신세계의 가치에 詩 짓는 기쁨을 느끼며 한글 모양을 찾아 20여 년을 보낸 시간 속에는 비어가는 농촌 현실이 아쉽게 다가와 발목을 잡는다.

# 가족 동네

자녀를 몇이나 두었오? 이렇게 물을 때마다 나는 본래 외아들 이었는데 네 명을 두었습니다. "그렇게나 많은" 그러면 또 다시 대답 드리지요. 이남 이녀라고. 그러면 또 아- 마침 딱입니다 그려

사실 저희 집은 작은 동네 한 가운데 여덟 채의 농가를 빙-두르고 함께 모여 살았는데 지금은 저희 집 한 채만 달랑 남고 다른 집들은 이미 허물거나 빈집 되었습니다. 어느새 두 딸은 장성하여 먼데 시집가서 잘 살고 있고, 그랬는데 어느 날 갑자기 난데없이 아들 둘이 들어와 농사짓고 함께 살자 하더니 며느리 둘과 다섯 명 손자들까지 왁자지껄 그 옛날 골목길 뛰놀던 숭어떼 같은 우리 어릴 적 아이들처럼 드넓은 마당을 뛰어다니는 그 광경 흐뭇하게 바라보며 할아버지 할머니 즐겁게 오래 잘 살다간다. 너희들 또 한번 더 오래도록 옳게 잘 살아야 한다.

무촌 쪼개서 일이촌 만들고 삼사촌 오촌 당숙 재종 제발 덕분 다시는 서울 좋다 농촌 떠나 텅 빈 무촌 맹글지 말고 그 전보다 더 큰 동네 흉터 같은 빈터를 메우고 메워 어느새 온 가족 한동네 '일통을 이루고 함께 살아가시기를, 오래 오래…'

# 사람의 움직임

이랴 저랴 논밭에 쟁기질하는
'갈다' 에서 'ㄹ' 이 탈락되어 '가다' 로
되었을 것이란 생각을 염두에 둔 채
갯마을 지나가다 굴을 까고 있는
한 할머니께서 '꿀을 깐다' 라고
하신 말씀 듣고 번쩍! 생각났다.
'가다' 의 '가' 를 두 번 들먹이어
'까다' 가 되었고 굴+굴을 꿀이라
하지 않았을까? 발+발은 빨리
움직이듯이 물론 '움직이다' 의
움=우+ㅁ이니, 내리는
비(우)를 머금고(ㅁ) 직은 지+ㄱ으로
땅(지)에 파종(ㄱ)되어 우직하게
서 있음이라. 이러니 선 식물 그대
사람의 움직임 〈지+지〉
어찌 어찌 하리요.

# 아버지의 목소리

이른 새벽 도막토막 도마소리 들리니,
뒤따라 끊어진 다듬이 소리가 울린다. 지금껏
정든 고향 마을에 머물러 살면서, 혼자 언젠가
홀연히 되돌아가야만 하는 왔던 곳 나그네이면서
그래서 그랬을까? 어린 시절 밤마다
귀천을 충동질하듯 휘몰이로 두드리던
평생을 속마음 하늘에다 수를 놓은 그 소리
다그닥! 딱! 닥! 따그닥! 땅! 당!
사랑하는 풀을 먹인 아름다운 살풀이를
다시 한 번 엿들을 수 없을까 몰라, 꿈에서라도
아니야 아냐 고개를 잘래잘래 흔들며
그래서 그랬을 거야 간절히 듣고 싶은
듣는다의 '듣' 글자 모양 한번 살펴보란
ㄷ 모음 ㄷ에서 'ㄷ' 은 동굴의 측면도랑 똑같고
모음 'ㅡ' 는 마땅히 지평선이라 치고, 그라고, 들여
다보는
귀 동굴 두 개의 'ㄷ' 에서 하나는 현실 -
지금 곧바로 들리는 지상의 소리요, 또 하나는
살다가 사라져간 속 마음속 땅 아랫소리
스스로 전하여 울려 들으라는 뜻- 문득 돌아가신

아버지의 목소리
“한 귀로 듣고 한귀로 흘려버리지 말고
한귀로 듣고 또 한 귀로 흘려버려라.”
대대로, 때론
두 귀를 가진 아들아, 자유자재로.

# 삽목장에서

촌지로 삽목하고 보폭으로 식목하여
서울 곳 언제가나? 휴전선 지나서
동동동 발동선 타고 울라디보스톡 갈까나

손발시린 시베리아 열차타고 관통하고
비행선 타고 스르르 유럽을 앵돌아 내려
도보로 보스포러스 뚜벅뚜벅 걸어서

인도 중국 외몽골 오솔길 실크로드
낙타 타고 새참먹고 모기 물어 꿈을 깨니
천리향
은은히 번져
막힌 코를 뚫어라.

## 오동지 육섣달님

'논' 글자 거꾸로 쓰면 나라 '국'이 되고
'눈' 글자 거꾸로 돌려 '곡' 글자 되옵나니
그래서 그랬을까? 눈 오면 비 내리신다는
오동지 육섣달님
작년엔 흰쌀농사 큰 풍년들더니
올 한해 무사히 그런대로 지나갔고
그런데 어쩐다 금년엔 흉년이라
내년 일 뻔한 걱정 이만저만 아닐세
그래서 그랬을까? 눈 오고 비 내리신다는
오동지 육섣달님
'논' 글자 거꾸로 쓰면 나라 '국'이 되고
'눈' 글자 거꾸로 돌려 '곡' 글자 되옵나니

# 이 기 현

## 잃어버린 하룻밤 외 4편

전남 고흥 출생. 〈문학세대〉 신인상으로 작품활동 시작.
문학세대, 고흥작가회 회원.

**■시인의 말**

웃고 살면 복이 온다고 하던가요?
허나 흙먼지 휘몰아치는 거리 찬바람 맞으며 웃을 수 있겠는지요? 쌓인 먼지 닦으며 사는 게지요.
한 갑자를 살면서 산다는 것은
끙끙 앓는 게 참이다고 깨닫습니다.
광장에 촛불 켜는 밤입니다.

# 잃어버린 하룻밤

친구와 만나 술 마신 다음 날 아침
지난밤을 더듬는데
개여울 징검다리 같은 필름 끊긴 길, 집에는 어떻게 왔는지…

지갑 속에 범칙금 고지서 한 장.
장소, 모 화장품 가게 앞.
범법행위, 개를 노상방뇨 하게 함.
벌금 貳 만원
일시, 모년 모월 모일
범법자 난의 주민등록번호와 선명한 내 필적의 이름 석 자.

고지서에 적혀 있는 전화번호를 눌렀다.
"여보세요.
어젯밤에 이상한 스티커 발부한 경찰 맞나요?
저는 개를 기른 적이 없고요,
사실은 집이 좁아서 개를 키우고 싶어도 못 키웁니다."
"하하하"

웃기부터 한다. "여보세요
민원인이 말하는데 그렇게 웃으면 되겠습니까?"

"이제 술 좀 깨셨나요? 어젯밤에는 너무 짖어 혼났습니다.
한 분께서 대로변 전봇대에 한 발 들고 방뇨를 하고 있었어요. 해서
사람이 길에서 그러면 되느냐? 했더니,
그 분이 그러더군요.

'저 친구가 한 발 들고 싸면 된다 해서…'

"그래서 선생께서 사인을 했습니다. 하하하…"

"기한 안에 벌금 꼭 내십시오."

# 신장개업하는 날

낡은 다방 새로 단장하고 문 연다고
며칠 전부터 웅성거렸는데요.
통 성냥, 재떨이에 전화번호 박아 돌리면서요.
도화, 금란, 장미 세 아가씨들 향기에 몽롱한 읍내 논단이들도 덩달아
있는 말, 없는 말
"금란이 내가 찍었어야, 거 뭐시냐? 영화배우 유지인 같지 않냐?"
"나는 도화여! 정윤희 비스무리한 게 입술이 꼭 앵두 같제!"
"장미 그애는 대학까지 나온 수재라더라!"
"야 임마, 대학물 먹고 그 짓 허겄냐! 글고
그렇다고 니 여자 되것냐!" 면서요
그렇게들 웅성거렸는데요.
그 소문 고개 넘어갔는지 동네 이장 한씨도 느닷없이 부지런 떨며
십 년 홀아비 냄새 벌꿀 비누로 닦는다고 소문이 났는데요.
소문 왁자한 개업 날은 다가왔는데요.
화환과 화분에 알만한 이름들, 고름에 나풀거렸고요.

큰 마담 애기 마담 치맛자락 끌며 하얀 버선발에 꽃신 신고

문 앞에 늘어서서 손님을 맞는다고요.

장날도 아닌데 넥타이 매고 경운기 모는 진풍경,

핫바지 저고리에 윗도리만 양복인 신파극은 막이 올랐는데요.

각자 대사 한마디씩 외느라 끙끙대면서요. 호기있게들

다방으로 몰려갔다는데요.

그 조금 있으니까 시골 아낙들이요. 너 죽고 나 죽자며

뒤쫓아 몰려갔다는데요.

그 다음 야그는 빤해서요, 누구는 밤새 밖에서 떨었고요.

누구는 얼굴 판대기에 손톱자국이라는

# 겨울의 한담

검은 자갈밭이
누더기 잔설을 끌어다 덮은 개울가
언덕 느티나무 한 그루
흐린 하늘에 실가지 벌려
봄을 투망하고 있다
잔가지마다 참새 앉아
지지리지지리
일감 떠나고
폐자재 얼어붙어 있는 현장
봄을 기다리는 노동이
끼니를 찾는 공복만 부풀어
지지리
멀리 봄이 온다고
얼음장 속은 녹아들고
지지리지지리
참새 날아간 허공을 궁상이 채운다

# 눈

바람의 문장을 읽는다
흐린 하늘밑 하얀 이야기
무거운가
나뭇가지 휘어져 있다 수억 년
강과 호수들의
얼어붙은 이야기
그 문장들 미끄럽다 눈 귀 시리다
저 깊고도 먼 이야기 속에
아랫목
화로는 먼 기억 속의 밤,
익어가는 고구마 냄새 방안 가득
어머니의 치맛자락 어른거린다 찻잔 속,
누렇게 따뜻하다

# 다리미

시골집 처마에 녹슨 다리미

어매 시집오던 그때에 원삼 족두리는
저 다리미가 먼저 다렸을 것이다.
내가 초등학교 갈 때에도
동네에 다리미는 하나밖에 없었다.
주인의 허락 없어도, 이 집에서 저 집으로
주름을 다려야 하는 집으로 건너가곤 하였다.
찾을 때에는
어느 집에 특별한 외출이 있었다는
소문을 찾아야 했다.
얼룩지고, 찢기고, 구긴
식구의 옷을
빨고, 말리고, 꿰매면서
타다 남은 가슴 속 같은 어매는
아궁이 속 잉걸불 뜨겁게
내 마음까지 환하게 다려주곤 하였다.

먼지뿐인 살림에 외출 잦은 아버지
발자국 넓게 찍고 다니며

어머니 가슴을 숯처럼 까맣게 태웠지만
한 생애를 뜨거운 가슴으로 가족의 주름을 펴주던

어머니

시골집 토방에서 홀로 부식을 앓고 있다.

## 임 규 상

# 장작을 패면서 외 4편

전남 고흥 출생. '사람문학' 동인으로 작품활동 시작.
고흥민주단체협의회 의장. 행의정감시연대 전남 대표.
이웃의 진솔한 삶을 소묘처럼 형상화하며
토속어를 시로 풀어내는 맛깔스러움을 보여 줌.
고흥작가회 회원.

**■시인의 말**

내 시가 가난한 이의 식탁에 놓인다면 좋겠습니다.

## 장작을 패면서

생(生)이 토막 나
토막 난 주검이 나이테를 잃었다
아궁이에 던져져 재가 될 것이다
그렇게. 숨 쉬는 모두는 사라져

바람이 되고

구름이 되고

어머니 젖가슴이 될 것이다

# 새는

새는 집을 짓지 않는다.
둥지를 트는 것은 새끼를 치기 위함이다
하여. 다시 헌 둥지로 돌아가지 않는다.

새는 곡식을 쌓아둘 곡간이 없어
겨울에는 더욱 가난해진다

새는
비우고 비워내
뼈 속까지 비워내
마침내 가벼이
하늘을 날 수 있나보다
바람처럼

# 순이 그 소녀

소리 내어 우는 것만이 울음인가
눈물을 흘리는 것만이 우는 것인가
보이지 않는 눈물로 소리 없이 우노니
그것은 가슴으로 우는 것이니
울부짖는다고 큰 아픔이랴
볼을 타고 흐르는 눈물만이 슬픔이랴
찢어지는 아픔을 가슴으로 우노니

13살 봉긋한 꽃봉오리로 끌려가
군홧발에 짓이겨져 찢어진 꽃이여
동백꽃 푸른 잎 사이 붉은 꽃이여
선홍빛 가시기도 전에
떨어져-
떨어져-
붉은 꽃이여

# 큰 사랑

황혼에 꽃이 져간다
옹이 박힌 손과 발
이승의 저 너머를 바라보는 눈빛
정신 줄 놓다가도 문득문득 바람처럼
스쳐가는 피와 살을 나눠준 놈들

93세 정순임 할머니 헛소리를 하다가도
우리 아덜이 첨보게나 야물단말이요
여그 있는지 알면 금방 업으로 올것인디
넋두리 로 되뇐다
큰 사랑
그 이름
어- 머- 니- !

# 바람의 노래는

내 산막의 가을은 구절초로부터 온다
그 녀석들이 봉긋한 입술을 열어 희게
웃을 때는 가을이다
길가 구절초 한 무리가 벌써 시들어 가는 것을 보면
가을이 떠날 채비로 옷깃을 여미나보다

무게를 이기지 못한 모과들이 쿵쿵 낙하 하는데
바람의 노래에 쑥부쟁이들이 실없이 춤을 추는데
백일홍은 세 번을 피고지고 꽃잎들을 다 떨구었는데
작별의 인사조차 나누지 못한 모두들

마른 풀숲에 풀벌레울음소리도 시든 적막한 밤
내 인생의 나무 잎새들이 낙엽으로 지는 밤
바람의 노래에 가을이 떠나는 달빛 내린 밤
이별하는 모두를 위하여 차 한 잔을

# 장 수 라

## 꽃무릇 외 4편

전남 고흥 출생. 2010년 〈시와문화〉 신인상으로 등단.
한국작가회의, 고흥작가회 회원. 좋은세상 한울림포럼 회원.
현재 문학예술 강사.

**■시인의 말**

그리운 것들은 모두 손에 잡히지 않고 멀다.
올 가을엔 바슐라르의 물, 불, 공기, 흙에 빠져 봐야지!

# 꽃무릇

입술로도 사랑하지 못했네
가슴으로 다가가지 못했네
눈빛 마주하면 부서질 너
입도 지워지고
가슴도 잃고
옆구리로 오는 달콤한 바람!
슬픔 한 뼘의 거리!

## 선유도 갈대

겨울이 다가도록 네 허리는 꺾이지 않는다
한 계절을 쓸고 가는 속삭임 속에
네 눈빛 닮은 얼굴하나 보인다
벼랑 끝까지 내모는 소금바람 맞서
그렇게 서 있는 동안
넌 아무것에도 기대지 않는다
머리칼로 하늘을 쓸면서
아무것도 기다리지 않는다
갈꽃의 그림자를 밟으며
굴까는 선유도 아낙의 손 끝에
노곤한 일상 머물 때에도
갈대의 어깨는 한층 가볍다
흔들릴수록 바닥에 깊게 뿌리 내린 발목
저 너머 수평선을 밤낮 넘나들며
파도의 꿈이 투박해져도
햇살이 구운 소금 몇 알
물로 흘러 보내며
기쁘게 흔들릴 뿐이다

# 마데카솔

상처엔 이별만큼 나은 특효약도 없다
얼기설기 얽힌 추억들도 햇살처럼 둥글다
그 말랑한 틈새에
바삐 뛰어다니던 햇살이
덕지덕지 딱지 앉을 때까지
뻣뻣한 천조각으로 휘날릴 때까지
그곳을 드나드는 바람에 땀을 식히면서
간밤에 다녀간 달빛도 눈치 못 챌 때까지

누구도 그를 베어내지 않았다
그럴 생각 추호도 없었다
스스로 베였다고 생각한 그만이
디지털시계 속에 머물렀다
음악이 흐르지만
객석에 우두커니 앉아 있는 그만 보인다
정말 내가 아플 땐 그는 로그아웃이다
객석으로 가면 그는 그곳에 없다
약상자는 벙어리 속수무책이다
상처 쓰라린 채로 열어두겠다
흉터조차 남지 않게 차라리 마데카솔을 버리겠다

젖어도 좋은 우산 함께 쓸 수 없다면
함께 그 강물 속에 두 발 담글 수 없다면
가슴엔 그가 앉을 의자조차 놓지 않겠다
흔적조차 두지 않겠다

상처를 이겨낸 이별도 햇살이다.

# 소금쟁이

그대를 떠나보낸 후에
커다란 물구덩이 하나 생겼다
안을 수 없어서
밤이면 그를 안고
천길 물속으로
떨어지는 꿈을 꾸었다
떠나보낸 후에도
보내지 못해
나의 뼛속 깊은 부력을 원망하였다

## 떨군다

머릿속이 미로를 헤맨다 흩날리는 은행잎의 주소를 모를 때, 천정까지 쌓인 책이 무너지는 나를 바라볼 때, 그걸 정리할 맘조차 일지 않을 때, 몸은 열꽃으로 부르터 거울 속 내가 낯설 때, 상처에 바를 연고가 있어도 내팽개쳐둘 때, 차디찬 빗방울을 맞고도 우산 펼치고 싶지 않을 때… 그 여울 바라볼수록 어지럽다. 거친 물살은 너의 거친 진실일거야. 여울 속엔 흙탕물이 안 보여. 새살 돋을 겨를 없이… 상처를 부둥켜안고 있는 거야. 한 몸이 되어 버린 거야. 그래서 넌 날 볼 수 없는 거야. 나무는 잎을 떨구면서 날개를 단 듯 하겠지! 그렇게 흐느껴 울 때도 사람들은 몰라. 절대비율을 지켜내려는 나무의 내적인 투쟁을! 나무의 언어를! 나무는 욕망을 분산하고 있는 거야!

그냥 바라보기! 나를 살찌우는 것들, 이제 보니 깨알 같은 스침과 스며듦… 햇살, 코끝 찡한 매운 공기, 파르르 떠는 기타선율, 새의 날갯짓, 시든 꽃잎, 구름의 흐름 속에 이는 너… 마당의 화초를 들여놓아야 해. 화초가 춥다고 아우성이잖아! 자폐는 둥글고 문신 같은 그 까마득한 그리움을 기억해야 해

# 조 경 선

## 월식 외 4편

서울 출생. 2001년 '전태일문학상' (시부문)으로 작품활동 시작.
산문집 『서울여자, 시골선생님 되다』가 있다.
녹동고등학교 교사. 고흥작가회 총무.

**■시인의 말**

2013년 여름, 서울시립미술관에서 고갱의 작품 '우리는 어디서 왔는가? 우리는 누구인가? 우리는 어디로 갈 것인가' 를 보고 한 생을 생각했다. 인생의 반을 뒤집어쓰고 살아준 몸을 어루만져 본다. 오늘 하루 '무엇이 시가 될 수 있을까' 를 생각하며 소소한 시를 잊지말고 쓰기로 약속한다. 사랑하리라, 괜찮다. 나의 몸과 마음을 기꺼이 껴안는다.

# 월식

내 몸에 낮달이 들어와
뜨고 지는 동안
차오르는 마음을 다해 꽃을 피웠고
깊은 계곡 어둠 속에서 너를 만났다

밀물과 썰물이 참방거리는 사이
서서히 최후의 그림자가 다가와
허물어지는 나의 작은 저녁 달

여름날 요염했던 붉은 능소화 떨어진 담장 너머
해와 달이 포개져 세상의 끝으로 떠나는
자궁, 다시 내 생에서 뜨지 못할 지라도
너를 비우고 상처로 봉해진 자리
지금은 아물고 환해진 자리 웅숭깊다

## 적출

내 몸의 반짝거리는 것들 다 꺼내놓고
건장한 간호사가 미는 이동식 침대 따라
철커덩 금속 칸칸이 건너 수술 대기실로
전신 마취 수술로 인한 후유증 설명을 듣고
링거액 흐르는 오른손으로 기운 없이 서명했다
두 손을 아랫배에 올려두고 쓰다듬는다
잘 가라, 붉은 자궁꽃
어린 엄마가 갓난아기를 울며 재운다

마취과 의사가 들어와 기도해도 되냐고 묻는다
차가운 수술대 위에 눈물이 한 방울 떨어졌을까
환자복 속 그대로 드러난 음부와 두 다리 너머
꽃이 지는 날 우짖는 새소리였을까
몸 속의 장기를 꺼내 보내는 일은 날카롭다
그대가 떠나가던 그 해 여름에도 그랬다

몸의 기억을 오랫동안 잊지 못하고
상처 봉한 자리마다 후유증은 한참을 갔다

# 자기소개서

저는 진짜 농어촌 학생입니다.
저의 잠재력과 소질을 끝까지 읽어주세요.
띄어쓰기 포함해서 1,000자 이내로 잘 쓸게요.
평범한 어부이신 아버지께서는
일 끝내고 돌아오신 늦은 밤에도 책을 읽으셨습니다.
저를 키워주신 할머니의 노래와 옛 이야기를 들으며
방언의 아름다움을 알게 되었습니다.
저는 귀교의 국문학과에 진학하고 싶습니다.
봉사활동도 40시간 잘 채웠습니다.
소록도 나병환자들 기저귀 갈고, 식사 돕고 말벗 되었습니다.
저도 나중에 어려운 환경에서 성장한 사람들에게 봉사하며 살 거예요
영어 수학 성적은 낮지만 국어는 계속 1등급이었습니다. 꾸벅.

나를 키워준 해와 달과 갯벌의 숨결
칠면초 빛나게 흔들리던 포구의 기억
해당화 더미 사이를 혼자 걸을 때 떠올리던 상상력의 그물

할머니는 수달처럼 웅크려 바지락을 캐고
함께 푸른 다시마를 줍던 미끄럽던 날들의 내력
철 없고 쓸쓸한 날들을 함께 해준
소설 속 주인공들의 이름과 섬마을 아저씨 아줌마들의 말들

그런 나의 오랜 이야기를 엿들은 내 편인 것들
썰물 사이 천만 개의 구멍 속에서 기어 나오는
칠게, 짱뚱어, 갯지렁이 떼들이 스멀스멀
아아, 귀교의 국문학과 사무실을 습격할 수 있다면
퇴적한 섬 마을의 왜가리 몇 마리가
우아한 날개를 펼쳐 나를 태우고 날아가
소소한 나의 이야기를 숨김없이 보여줄 수 있다면
까짓것 국문학과 진학이 아니라
내 인생도 앞으로는 걸작으로 무르익을 수 있다는 것을

끝까지 읽어주셔서 고맙습니다

## 무사한 일상

그의 오른쪽 팔뚝에 붉은 점이 짙다
왼쪽 손바닥을 문지르며 맥을 잡고
"저도 거기가 고향이에요, 보성 웅치입니다." 하며
넌지시 웃는 김포 한방 병원 한의사를 나는 바라본다
문득 낯선 북관에서 신선같이 생긴 의원이
평안도 정주 같은 고향 사람이라며 가만히 말을 건네와
맥을 잡아주던 손길이 참으로 부드럽고 따뜻해져왔다는
백석 시인의 눈감은 풍경이 떠오른다
나도 머나먼 김포에
외롭고 높고 쓸쓸하니 누워있다
나의 주치의 한의사는
간밤에 하혈은 없었는지
소화는 잘 되었는지
어지럽지는 않은지
부드러운 손으로 맥을 잡으며 또 묻는다
물방울 환자복을 입은 나는
그 아득한 이야기를 몇 개의 문장으로 들려준다
오늘 같은 9월, 보성 녹차밭 너머 웅치 마을

미심쩍고 따뜻한 손을 잡고 걷던 애인아

세상에 아무도 모르는 일을 나는 원하고
세상이 다 아는 나의 일상이 무사하여
다시 또 살고 싶다

# 뒷담화

그 오랜 당산역 뒷골목
동동주에 파전 파는 주점
우리들의 문학회도 후미진 이 근처였다
대학 병원에서 수술 날짜를 예약했다는 말은 못하고
연거푸 술을 받아 마신다
너의 자궁은 중요한 시기에 엄마 역할 했으니 얼마나 고맙냐
평생 못써본 자기도 있다는 친구의 전화를 받고
남몰래 울다 들어가 보니
정훈이 형이 소주잔에 눈물을 흘리고 있는 게 아닌가
그 때 나는 다단계 하고 사기 친 게 아니야
아픈 아이랑 습기 많은 합정동 그 집에서 살려고
너는 아직도 이해를 못하냐는 형은
지금은 어느 지방대 보따리장수
동범이 형은 출판사 사무실을 다 정리하고
집기를 집으로 옮겼다고
시궁창을 향해 시발 시발 구토를 한다
형들, 알았어
오늘 술은 내가 살 테니까

다 큰 중년들 등지느러미 위로
뜨듯한 오후의 달이 뜬다

■해설

# 인간다운 삶을 견인해내는 변주들

박 몽 구
(시인 · 문학평론가)

민족문학이 곧 세계문학이라는 명제와 함께, 구체성을 띤 지역문학이 다름 아닌 훌륭한 민족문학이라는 말이 오늘처럼 절실하게 다가온 적도 없는 것 같다. 이는 자신의 고향을 공간적 배경으로 삼고 있으면서 실감 있는 삶을 소재로 한 문학으로서의 시가 곧 절실한 민족문학이 될 수 있다는 말과도 통한다. 우리 땅의 남단에 위치한 고흥을 삶의 터전으로 삼고 있는 일군의 시인들이 펼치는 사화집은 그 같은 성과의 일환이다. 고흥은 전라도의 거점 도시인 광주에서도 찻길로 두 시간을 더 달려야 닿는 고장이다. 전남에서도 남해를 거느린 오지로 고흥만을 중심으로 모여사는 이들은 마늘이나 고추 농사 를 짓는 농업과 함께 개펄에 나가 물질을 하는 등 반농반어의 삶을 꾸려가고 있다. 이른바 근대화의 물결이 타지역보다 매우 더디게 미친 지역이지만, 다른 의미에서는 우리 민족 고유의 삶의 모습과 혼을 간직한 곳으로 보아도 좋을 것이다.

한반도 남단의 오지이면서 오롯이 한국적인 정서를 지닌 고흥 땅을 배경으로 시의 나무를 가꿔가는 고흥작가회에 모인 시인들은 이 같은 지역적 배경을 체질화한 채 살아온 이들이다. 개중에는 청운의 꿈에 실려 고향에서 벗어나 타지에서 살아가는 이들도 있고, 여전히 자신들의 태생지를 지키면서 시의 꿈을 가꿔가는 이들도 있다. 하지만 어디에 몸담고 살아가건 자신이 태생지의 흙냄새와 포근한 남해의 바람을 체질적으로 지니고 있다는 점에서 공통분모를 갖고 있다.

오늘날 한국시는 포스트모던 문화의 극성스러운 번성과 함께 이국적이고 파편적인 정서와 함께 지극히 개인적인 사고를 노출시키고 있다는 비판에 직면하고 있다. 또한 문학적 가치와 다면적이고 공정한 평가는 도외시된 채 몇몇 매체와 소수의 집단에 의하여 일방적으로 주도되고 있다는 비판에 직면해 있다. 그런 가운데 세계시로서의 도약은 도외시된 채 우물안 개구리식의 삶을 쳇바퀴 돌듯이 반복하고 있는 형국이다. 이 같은 상황하에서 무엇보다 묵묵히 땅과 바다를 삶의 터전으로 삼고 살아가는 사람들의 정서를 체질화하고 있으면서도, 다른 한편으로 도회적 삶으로의 탈출을 부단히 모색하고 있는 시인들이 한자리에 모인 것은 그 의의가 적지 않다고 하겠다. 즉, 공허한 파편적인 정서에서 벗어나 적어도 이 땅을 진득하게 사랑하는 사람들의 삶을 만날 수 있으며, 또한 그것이 왜곡된 근대화 과정에서 빚어지는 심리적 갈등을 진솔하게 만날 수 있기 때문이다. 그 같은 과정을 통해 오늘날 방향 감각을 상실한 채 표류하고 있는 한국시의 좌표를 바로잡는 방향타의 역할이 기대되기 때문이다.

**고흥반도의 따스한 바닷바람을 담다**

고흥작가회 소속 시인들이 모여 꾸린 사화집은 별다른 이의 없이 고흥을 공간적 배경으로 공유하고 있다. 이번 8집에 모인 작품들에서도 그 같은 모습은 유감없이 발현되고 있다. 하지만 단순히 지역적 배경으로 소재를 선택하고 있다기보다, 시인들의 태생지에 대한 일탈 의지와 그리움이 교차하고 있음을 어렵지 않게 찾아볼 수 있다.

그 오랜 당산역 뒷골목
동동주에 파전 파는 주점
우리들의 문학회도 후미진 이 근처였다
대학 병원에서 수술 날짜를 예약했다는 말은 못하고
연거푸 술을 받아 마신다
너의 자궁은 중요한 시기에 엄마 역할 했으니 얼마나 고맙냐

평생 못써본 자기도 있다는 친구의 전화를 받고
남몰래 울다 들어가 보니
정훈이 형이 소주잔에 눈물을 흘리고 있는 게 아닌가
그 때 나는 다단계 하고 사기 친 게 아니야
아픈 아이랑 습기 많은 합정동 그 집에서 살려고
너는 아직도 이해를 못하냐는 형은
지금은 어느 지방대 보따리장수
동범이 형은 출판사 사무실을 다 정리하고
집기를 집으로 옮겼다고
시궁창을 향해 시발시발  구토를 한다

–조경선「뒷담화」부분

밭일 하러 나서는 어머니
구남매 먹여 살리느라
허리가 구부러졌다
둥글게 휘어져
한쪽이 파였다
파인 곳에 그늘이 박혀있다
오목하게 쌓인 그늘
가난한 부엌 한 모퉁이에 걸려있다

–김선「국자」전문

사실 저희 집은 작은 동네 한가운데 여덟 채의 농가를 빙–두르고 함께 모여 살았는데 지금은 저희 집 한 채만 달랑 남고 다른 집들은 이미 허물거나 빈집 되었습니다. 어느새 두 딸은 장성하여 먼데 시집가서 잘 살고 있고, 그랬는데 어느 날 갑자기 난데없이 아들 둘이 들어와 농사 짓고 함께 살자 하더니 며느리 둘과 다섯 명 손자들까지 왁자지껄 그 옛날 골목길 뛰놀던 숭어 떼 같은 우리 어릴 적 아이들처럼 드넓은 마당을 뛰어다니는 그 광경 흐뭇하게 바라보며 할아버지 할머니 즐겁게 오래 잘 살다간다. 너희들 또 한번 더 오래도록 옳게 잘 살아야 한다.

–이광호 「가족 동네」 부분

세 시인의 작품들은 같은 땅을 배경으로 하고 있으면서도 각기 다른 편차를 갖고 다가온다. 조경선의 경우에는 푸른 꿈을 안고 태생지를 벗어나 대처에서 욕망의 밭을 일구다가 좌절을 맛본 사람들의 모습을 담고 있다. 더 이상 산욕을 탐해서는 안 될 불임의 처지에 직면해 있는 화자는 도회적 삶이 겪게 되는 정체와 도로를 암시해 준다. 나아가 '아픈 아이랑 습기 많은 합정동 그 집에서 살려고' 다단계 사기를 치고 피해 다니는 정훈이형, 지방대 시간강사로 떠돌면서 출판사 간판을 걸었다가 그나마 정리한 동범이 형은 고향을 떠나 객지에 뿌리박고 산다는 것이 얼마나 어려운 일인가를 중첩해 보여주는 환유이다.

김선의 국자는 객지에서 상처 받으며 살아가는 사람들이 그 상처를 딛고 일어서는 힘의 원천이 어디에 있는가를 묵묵히 말해준다. 화자는 '밭일 하러 나서는 어머니/ 구남매 먹여 살리느라/ 허리가 구부러졌다/ 둥글게 휘어져/ 한쪽이 파였다/ 파인 곳에 그늘이 박혀있다' 고 언술함으로써, 호미를 든 채 고향의 밭머리를 묵묵히 지키는 어머니의 그늘이야말로 객지에서의 삭막

함과 좌절을 딛고 일어서게 해주는 무한한 힘이라는 사실을 환기시킨다. 비록 허리는 구부러져 있지만 따스한 저녁을 마련해 주는 국자처럼, 자신의 상처를 마다하지 않으면서 이타행을 구현하는 모성이야말로 도시의 벽을 넘어 넉넉한 새벽을 맞게 해주는 원천이라는 사실을 실감나게 해주고 있다.

이광호는 내일을 기약할 수 없는 불임과 무한경쟁에서 일탈한 도시인들이 상처를 치유하기 위해 택한 귀향의 풍경을 펼쳐 보이고 있다. 화자는 '지금은 집 한 채만 달랑 남고 다른 집들은 이미 허물거나 빈집' 이 된 마을에, '어느 날 갑자기 난데없이 아들 둘이 들어와 농사짓고 함께 살자 하더니 며느리 둘과 다섯 명 손자들까지 왁자지껄 그 옛날 골목길 뛰놀던 숭어 떼같' 이 살아가는 풍경을 제시함으로써, 고향은 낡아서 쓸모없는 곳이 아니라 비인간적인 삶에서 얻은 상처를 씻어주는 치유의 공간이라고 힘주어 말한다.

이번 사화집에 모인 시인들은 이처럼 각기 다른 각도에서 조명하고 있지만, 고향을 사유의 한 거점으로 삼은 인간다운 삶의 모습은 어떠해야 하는지를 시를 통해 변주하고 있다. 소재와 방법론에 있어서는 각기 편차를 보이고 있지만, 오늘의 한국 현실에 대한 시적 진단과 함께 미래 지향적인 사유를 견지하는 건강성을 담지하고 있다는 점에서 단단한 울타리를 이루고 있다.

**도시의 폐허를 견디게 해주는 힘**

이번 사화집에 참여한 몇몇 시인들은 보다 나은 삶을 찾아 객지에서 살아가는 것으로 파악된다. 겉으로는 물질적 풍요와 함께 도회에서 나름대로 자신의 자리를 찾아 둥지를 틀고 있지만, 그것에 안주하기보다 늘 스스럼없이 마음을 둘 데를 찾아 모색하고 있어 보인다. 라캉의 언어를 빌면, 늘 상처를 안겨주게 마련인 상징계로서의 도시 공간에서 벗어나 꾸밈없는 사랑과 인간다움이 살아 숨쉬는 상상계로서의 고향을 늘 열망하고 살아가고 있음을 짐작케 해주는 시편들이 적지 않다.

귀에 익은 낯설지 않은 전라도 사투리
탄 자리가 고흥이다

눈을 감고 들어보면 더 정겹다
가물가물 잊혀져간 저 소리여

비켜주지 않으면 절대로
고흥을 오가지 못하는 벌교를 지나면
이제 곧 고흥이라는 이정표.

고향 산천과
오마리 바다가 잰걸음으로 달음질쳐 온다

－김명숙 「나는, 고흥인이다」 부분

두고 온 네 이마를 생각한다
덜 익은 머루빛
발을 구르며, 한 때는
안타까움이라 말했지만
사실은 삶이 온통 그런 빛깔이었지
이제 다른 땅을 찾지는 않겠지만
살아있는 동안의 짧은 양식을 위하여
다시 길 떠나는 꿈을 버릴 수는 없다
봄에서 여름으로 그래서 겨울로
가는 일이 무엇 부끄러움일까만
끝내 말하지 못하는 것들을 추스려
비 개인 뒤의 네 눈빛을 생각한다
멀리, 꺼지지 않는 그 초록빛

—박호민 「청춘」 전문

어딘가 허전할 땐
다시 만나 또 쌓으면
더 한층 새로워지는
마구 주어도 마르지 않고
새록새록 솟아나
잠자는 상식을 일깨워
삶에 의미를 부여하고
우리 몸 혈관 속 노폐물
씻어내 맑게 하는 생명수

—양동선 「정」 부분

김명숙은 대처에서의 삶에 지치고 힘들 때마다 새롭

게 일어서게 하는 원천으로서의 고향을 형상화하고 있다. 고향은 겉으로는 문명에서 소외되어 낡고 보잘것없지만 그 같은 외피를 넘어 무한한 힘을 지니고 있다는 사유를 담지하고 있다. 화자는 '비켜주지 않으면 절대로 고흥을 오가지 못하는 벌교를 지' 나야 고향에 갈 수 있다고 언술함으로써, 남쪽 끝 고흥반도를 찾는다는 게 쉽지 않다고 말한다. 그것은 지리적인 거리감의 표현이기도 하지만, 그것 못지않게 도회적 삶이 벌려놓은 거리를 암시한다. 즉, 마음으로는 늘 함께 있지만 돌아가는 것을 용납하지 않는 삶의 멍에가 가로놓여 있다는 인식을 펼쳐 보이고 있다. 하지만 시인은 '이정표' 라는 은유를 통하여 공간적 거리를 넘어, 고향이야말로 도회적 소외를 견디고 인간다운 삶을 궁행해 갈 수 있는 힘이라고 말한다.

박호민은 이런 고향이 가진 구심력에 따라 도회의 삶을 청산하고 돌아온 사람이다. 라캉에 따르면 인간의 욕망이 달성되는 시점은 실재계로 규정된다. 하지만 실재계는 인간에게 지속적인 행복과 풍요를 약속하기보다 이내 기대에 어긋나게 하고 배반감과 상실감을 안겨주게 된다. 그토록 추구해 마지않던 것을 손에 넣었지만 극점에 다다른 욕망은 만족을 가져다주기보다 새로운 목표가 멀리 달아나 있는 현실만을 각성시킬 뿐이다. 심리적 실패에 직면한 인간은 다시 상징계로 퇴행하여 더욱 큰 사회적 지위와 물질적 성공을 향해 치달리게 된다. 줄리아 크리스테바 같은 정신분석가는 이 같은 실재계의 파행적인 모습을 뻔히 알고 있으면서도 치달리는 사람들에게, 욕망의 극점으로 달려는 속도를 되도록 늦출 것을 권한다. 또한 삶의 도정을 즐기면서 느긋하게 살아가라고 권면한다. 그것만이 삶의 허무에서 벗어나는 길이라는 점을 환기시킨다. 도회에서의 경제적 풍요와 입신을 통한 사회적 지위를 던진 채 귀향한다는 것은 이 같은 크리스테바의 처방에 합당한 일인지도 모른다.

박호민은 일련의 시작품들을 통해 귀향이 삶의 도정에서 탈락하는 것이 아닌 새로운 모색이요 삶의 도정 곳곳을 즐기는 일임을 환기하고 있다. 그는 '봄에서 여름으로 그래서 겨울로/ 가는 일이 무엇 부끄러움일까만/ 끝내 말하지 못하는 것들을 추슬러/ 비 개인 뒤의 네 눈빛을 생각한다/ 멀리, 꺼지지 않는 그 초록빛'이라고 청춘을 은유함으로써, 우리네 삶이 추구하는 것은 물질적 풍요가 아닌 순수한 빛깔을 간직한 삶의 도정이라는 사실을 귀띔해 주고 있다.

양동선은 그같이 인간다운 추구로 일관하는 삶의 도정을 풍요롭게 해주는 것은 아름다운 경관이나 겉으로 지닌 물질이 아니라, 사람들 사이를 엮어주는 따스한 끈이라고 말한다. 그는 사람들 사이에 오가는 신호를 '마구 주어도 마르지 않고/ 새록새록 솟아나/ 잠자는 상식을 일깨워/ 삶에 의미를 부여하고/ 우리 몸 혈관 속 노폐물/ 씻어내 맑게 하는 생명수'라고 은유하고 있다. 욕망을 향해 치달을 줄밖에 모르는 삶의 모습을 '노폐물'로 은유하는 한편 그 대척점에서 사람들 사이를 흐르는 것을 가리켜 '생명수'라고 은유함으로써, 타산이 없는 고향 산천과 사람들이 베푸는 정이야말로 인간을 새롭게 하는 원천이라고 말한다.

세 시인들은 각기 다른 모습이기는 하지만 낡고 부족한 고향 산천이 숨기고 있는 것들을 조심스레 드러내면서 오늘날 우리 사회가 안고 있는 정신적 상처를 치유해 가는 길을 모색하고 있다.

**변모해 가는 산천을 아파하다**

우리는 흔히 삶의 상처에 직면할 때마다 고향과 어린 시절의 산하를 떠올리게 마련이다. 모태적인 따스함이 살아 숨쉬는 그곳은 완전한 평화와 함께 스스럼없는 사랑이 구현되는 공간이기 때문이다. 라캉은 그 같은 인간의 심리적 공간을 가리켜 상상계라고 명명한 바 있다. 하지만 현실 속에서 우리가 직면하고 있는 삶은 인간의 그 같은 심리적 회귀에 '나르시시즘'을 허용하지 않는다. 도회적인 상처를 말끔히 씻어내줄 것이라는 기대와 달리, 오늘날 우리 고향은 너무 많이 변모되었고 깊은 내홍을 앓고 있는 공간이기 때문이다.

이번 작품집에서도 그같이 깊은 내홍에 시달리는 고향의 모습과 함께, 차마 그대로 버려두지 못하여 안타

까워하는 시인들의 눈을 어렵지 않게 만날 수 있다.

쌍정제 어릴 적 무던히도 오르랑 내리랑 했지
산골 헤매고 다닐 적 기억은
소 뜯기러 나온 친구들이 그렇게 부러웠고
조카를 업고 다녀야 했던 꼬맹이는 늘 불만이었지
이내 생각 접고 짝과 함께 어릴 적 얘기
나누며 산 둘러보니 솥대방 정상
소나무 사라진지 오래 그 아래 자라던
녀석들이 올망졸망 자라나 형태를 바꿔버렸다

큰 골 홍주네 텅 빈집에 개 짖는 소리 들려오고
저 넘어 학교는 폐교로 스산함마저 느껴져
고개를 돌려 옆쪽을 보니 검푸른 독대 백일 앞바다는
여전히 통 큰 가슴 열어놓고 언제든 안기도록 품 내주
고 있다

–남선현 「정월 열나흗날」 부분

빈 집 빈 논밭 빈 가슴 빈 버스
비어가는 것들은 먼지로 폐를 앓는다
궂은 날 어렵사리 비틀대며 찾아와 주는
지극한 그 정성 덕에 몇 안 되는 어미 아비들 눈에는
귀향하는 자식들의 환영(幻影)이 희고 수북하다
쑤시거나 넘어지거나 고장 나면 병원으로 실려 가고
정부보조금 타 먹으며 연명하는 농어촌버스의 앞길에
눈구름이 빽빽하게 들어찬다
그러게 눈이 펑펑 내리면 길 나서지 말라고 했잖은가

–박부민 「농어촌버스」 부분

두 노인이 군내버스를 기다리며 하는 말
"마동 행남이 각시 쩌그 어디 비울빈에서 왔다등가 그러데"
"미얀마에선가 왔다는 마륜 기봉이 각시만 못하담서"
길에 나앉은 과자봉지 하나를 바람이 딸싹하자
날쌔게 내리꽂힌 제비가 먹이 하나를 덥석 물고 날아오른
가물거린 들판

—송만철 「동강 정류장에서」 부분

남선현의 작품에서는 울음소리가 그친 농촌 마을의 스산한 정경이 눈에 선하게 그려진다. 새로운 세대가 태어나지 않는 농촌은 더 이상 나르시소스의 공간이라 부를 수 없을 것이다. 시인은 결구에서 '저 넘어 학교는 폐교로 스산함 마저 느껴'진다라고 언술함으로써 아이들의 왁자지껄한 웃음소리가 그친 폐교의 쓸쓸한 풍경을 묘사하고 있다. 하지만 시인은 절망감으로 시종하기보다 '고개를 돌려 옆쪽을 보니 검푸른 독대 백일 앞바다는/ 여전히 통 큰 가슴 열어놓고 언제든 안기도록 품 내 주고 있다'라는 대립적 구조를 제시함으로써, 자연이 살아있는 한 고향은 희망의 씨앗을 품고 있다는 사유를 함축하고 있다.

박부민의 작품도 연장선상에서 읽혀진다. 문명의 이기인 버스가 농촌 마을 구석구석까지 다니지만 그것을 즐겨 이용할 사람들은 점점 줄어들면서 정부보조금으

로 연명해 가는 현실을 묘사하고 있다. 시인은 '궂은 날 어렵사리 비틀대며 찾아와 주는/ 지극한 그 정성 덕에 몇 안 되는 어미 아비들 눈에는/ 귀향하는 자식들의 환영(幻影)이 희고 수북하다' 라고 언술함으로써, 버스를 마을 사람들을 돌아오게 하는 메신저로 설정하고 있다. 다른 한편으로 젊은이들이 돌아옮으로써만 고향이 앓고 있는 상처는 가실 수 있다고 말한다.

송만철은 농촌 버스 속 승객들의 말을 인유하는 가운데, 우리 농촌이 급속하게 다문화 사회로 변모되어 가는 양상을 그리고 있다. 새로운 일손이 필요하고 사랑의 가족들이 늘어나 자연스레 다문화 사회로 이행해 간다면 다행이지만, 급속도로 과도하게 농촌사회가 이국인 색시들로 넘쳐나는 것은 보기 좋은 풍경은 아닐 것이다. 화자는 "마동 행남이 각시 쩌그 어디 비울빈에서 왔다등가 그러데"/ "미얀마에선가 왔다는 마륜 기봉이 각시만 못하담서"라는 인유를 통하여 토박이들이 사라지고 이국인들로 넘쳐나는 농촌의 현실을 고발하고 있다. 나아가 그 같은 현실을 부정하기보다 인간다운 사회로 정착되었으면 하는 마음을 담아내고 있다. '과자봉지 하나' 는 그런 점에서 장기적인 대책은 실종된 채 눈앞의 신부 부족 현실을 때우기에 급급한 현실을 말하고 있고, '제비' 라는 상징어를 통하여는 이들 이국인들이 뜨내기가 아닌 상서로운 기운을 불러들이는 존재가 되었으면 하는 사유를 담고 있다.

한 번도 품위 있는 옷을 걸쳐보지 못한
가장의 어깨처럼 앙상하게 야윈 흰 뼈대가
캔버스를 뚫고 거친 파도를 건너
아내가 있는 뭍으로 가고 있다
지금도 풀지 못한
중섭의 끈이 서귀포 빈 하늘을 떠돌고
남겨진 솥단지가 찌든 객지생활로
징징거리는 나를 어루만져 준다
흰 소가
어둠을 몰아내고
새벽을 한 짐 짊어지고 온다

—김선 「흰소」 부분

그런 점에서 화가 이중섭의 삶을 환유로 하여, 참다운 삶의 길을 모색하는 김선의 작품은 주제와 기법이 잘 어울린 시로서 주목할 만하다. 화자는 '가장의 어깨처럼 앙상하게 야윈 흰 뼈대가/ 캔버스를 뚫고 거친 파도를 건너/ 아내가 있는 뭍으로 가고 있다' 라는 이중섭의 삶을 알레고리화함으로써 참다운 예술가는 현실의 불가능을 넘어 부단하게 진실을 지향해 가는 사람이라는 사유를 피력하고 있다. 또한 다음 대목에서 '지금도 풀지 못한/ 중섭의 끈이 서귀포 빈 하늘을 떠돌고/ 남겨진 솥단지가 찌든 객지생활로/ 징징거리는 나를 어루만져 준다' 라는 언술을 통하여, 모름지기 이중섭의 고통이 그만의 것이 아니며 오늘 화자가 부딪친 현실이기도 하다는 사실을 환기시킨다. 나아가 결구에서

'어둠'과 '새벽'을 대치시킴으로써 오늘 우리에게 닥친 삶의 신산을 마다하지 않고 온몸으로 견뎌낸다면 삶의 밝은 전망을 반드시 열릴 것이라고 힘주어 말하고 있는 셈이다.

> 겨울이 다가도록 네 허리는 꺾이지 않는다
> 한 계절을 쓸고 가는 속삭임 속에
> 네 눈빛 닮은 얼굴 하나 보인다
> 벼랑 끝까지 내모는 소금바람 맞서
> 그렇게 서 있는 동안
> 넌 아무것에도 기대지 않는다
> 머리칼로 하늘을 쓸면서
> 아무것도 기다리지 않는다
> 갈꽃의 그림자를 밟으며
> 굴까는 선유도 아낙의 손 끝에
> 노곤한 일상 머물 때에도
> 갈대의 어깨는 한층 가볍다
>
> -장수라 「선유도 갈대」 부분

장수라 시인의 시 역시 '갈대'를 환유로 하여 비록 여린 몸을 갖고 있지만 희망을 버리지 않고 면면이 이어갈 때, 든든하게 뿌리를 내려 겨울을 이길 수 있다는 사유를 잘 함축하고 있다. 시인은 '벼랑 끝까지 내모는 소금바람 맞서/ 그렇게 서 있는 동안/ 넌 아무것에도 기대지 않는다/ 머리칼로 하늘을 쓸면서/ 아무것도 기다리지 않는다'라고 언술함으로써, 이 시대 민초들의 삶의 정신은 남에게 기대지 않고 스스로 꿋꿋하게 일어서는 것이라는 점을 일깨운다. 두 시인은 고향을 정신적 배경으로 삼고 있으면서도, 더 넓은 세계와의 교감을 통해 시의 지평을 넓혀가고 있는 점에서 주목이 간다.

**희망이 살아 있는 정신의 거처**

이번 고흥작가회 작품집에 참여한 시인들은 이렇듯 도회적 상처를 넘어 정신의 거처로서의 고향이 갖는 의미에 천착하는 한편으로, 오늘 우리 농촌이 겪고 있는 아픔을 형상화하고 있다. 그것들이 생경한 목소리의 고발이 아니라, 때로는 명징한 이미저리를 통하여 때로는 익살과 유머를 통하여 그려짐으로써 강한 설득력을 띠고 있다. 외면적으로는 변방의 한 벽촌을 공간적 배경으로 공유하는 시인들이 모인 사화집이지만, 내면적으로는 오늘 한국 사회가 안고 있는 모순을 진솔하게 보여주고 있다. 나아가 오늘 우리시의 현실을 직시하게 해주고 바람직한 모습은 어떠해야 하는지 암시해 주고도 남는다.

이번 사화집을 통해 건강한 시는 무엇보다 시인 자신이 몸담고 있는 삶의 현장을 공간으로 삼아야 한다는 사실을 환기할 수 있었다. 그런 점에서 자신의 태생지에 대해 단순한 그리움을 넘어 오늘 앓고 있는 모습을 직시하는 한편, 인간다운 삶의 시공간 회복이라는 주제를 심화하고 있는 점은 주목할 만하다.

이와 함께 아무리 좋은 소재라 하여도 그것만으로는 좋은 시가 될 수가 없으며, 오늘의 문화 현실을 반영한 새로운 기법을 수반하여야 된다는 사실을 새삼 되새기게 된다. 나아가 미래를 예감하는 혜안을 지님으로써만 활기차고 긴 생명력을 담지할 수 있다는 점을 환기할 수 있었다.

남쪽 끝 아름다운 자연이 살아 있는 고흥반도를 정신적 거처로 삼고 살아가는 시인들이 자신들의 터전을 사랑하면서, 우리에게 더욱 진경을 보여주기 바란다. 또한 사람 사랑의 정신이 실종된 오늘, 인간에 대한 무한한 탐구와 함께 새로운 기법으로 시를 넉넉하게 담는 그릇을 마련하기 바란다. 그럴 때 고흥작가회의 큰 발전을 넘어 한국시에도 새로운 전망이 열릴 수 있을 것이다.

## ■고흥작가회 연혁

**작품집 >>>>**

2005년 5월 제1집 『독립시』

2006년 10월 제2집 『시강에 달이 뜨면』

2008년 9월 제3집 『사람의 저녁』

2009년 10월 제4집 『세월 그 뒤』

2010년 11월 제5집 『못생긴 손들』

2011년 11월 제6집 『병 속의 새들』

2012년 11월 제7집 『거미의 비행』

**시화전 >>>>**

2007년 4월 제1회 고흥만 유채밭 시화전

2008년 4월 제2회 고흥만 유채밭 시화전

2008년 5월 제석사 순회 전시회

2009년 4월 제3회 고흥만 유채밭 시화 · 조각전

2010년 4월 제4회 고흥만 유채밭 시화전

2011년 11월 제5회 고흥만 유채밭 시화전

2012년 4월 제6회 고흥만 유채밭 시화전

**이메일 >>>>**

고흥작가회 : garosup@hanmail.net

비워둔 곳에 꽃이 피네
-2013 고흥작가회 작품집(제8집)

찍은날 2013년 11월 10일
펴낸날 2013년 11월 15일
엮은이 고흥작가회
펴낸이 박몽구
펴낸곳 도서출판 시와문화
주 소 (431-821) 경기 안양시 동안구 비산동 572
꿈에그린아파트 103동 204호
전 화 (031) 452-4992
E-mail poetpak@naver.com
등록번호 제2007-000005호 (2007년 2월 13일)

ISBN 978-89-94833-06-4(03810)

정 가 8,000원

*이 책은 고흥군과 고흥군의회의 지원으로 출판 제작되었습니다.